COLECCIÓN ANTIPRINCESAS

Viajera del tiempo

Contamos historias de mujeres... ¿Por qué? Porque ~~conocemos~~ ~~muchas~~ ~~his~~torias de hombres importantes pero no tantas de ellas... Sabe~~mos~~ ~~que~~ ~~las~~ ~~princesas~~ ~~existen,~~ ~~de~~ verdad, pero qué lejos están de nuestra realidad esas chicas qu~~e~~ ~~viven~~ ~~en~~ ~~castillos~~ ~~en~~ormes y fríos. Hay mujeres por acá, en América Latina, que rompieron ~~con~~ ~~los~~ ~~moldes~~ de la época, que no se conformaron con los lugares que la sociedad les imponía (o sus esposos, o sus padres, o sus hermanos mayores) y salieron a hacer sus propios caminos. Algunas no fueron madres, como Frida Kahlo (nuestra primera antiprincesa), otras lo hicieron con sus hijos e hijas a cuestas. Ese fue el caso de Violeta Parra, nuestra princesa nómade, porque nunca se quedó quieta. Esta artista chilena salió por los caminos profundos de su país a buscar en los pueblitos perdidos las canciones que no llegaban a otras partes. Y así las escuchó de boca de la gente más vieja y, como en una máquina del tiempo, las llevó a su presente para que no se perdieran. Y acá estamos, en este presente, que ya es el pasado de Violeta, a quien traemos de vuelta para seguir su huella de polvo.

ISBN 978-0-9973280-2-8
© Mayo 2017
La presente edición ha sido realizada por convenio con Editorial Chirimbote para Books del Sur (USA).
Queda hecho el depósito que marca la Ley 11.723 (Argentina)
Impreso en USA

Frida Khalo para niñas y niños.
Por Nadia Fink.
Ilustraciones: Pitu Saá.
Diseño: Martín Azcurra

twitter@booksdelsur
facebook/booksdelsur
pinterest/bdelsur
instagram/booksdelsur

BOOKSDELSUR
www.booksdelsur.org
booksdelsurheather@gmail.com

CHIRIMBOTE
info@chirimbote.com.ar
www.chirimbote.com.ar

Quién es esa que anda con la guitarra al hombro por los caminos perdidos de Chile?

¿Qué está buscando, golpeando casa por casa en pueblitos y campos, hablando con gente muy vieja que le cuenta historias y le canta canciones? ¿Qué hace ahí Violeta Parra?

Pero no nos adelantemos, porque Violeta tiene entonces 36 años. Volvamos un poco atrás la historia... mucho, ¡bah! A ver si la contamos desde el principio...

Violeta Parra nació el 4 de octubre de **1917** en **San Carlos de Ñuble**, un pueblito de **Chile**, y pronto se mudó con toda la familia a **Chillán**.

FAMOSO PAJARITO PREGUNTÓN DE VIOLETA

¿Tanto había que volver para atrás?

**A**ver... mejor paremos acá. Ahora tiene ocho años. Vive en una casa, con su familia, que es bastante pobre. El padre es profesor y la madre es costurera.

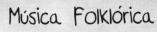

Un día, Violeta descubrió un secreto: la llave del armario donde su papá escondía la guitarra. Su padre era un **folklorista**, tocaba la guitarra y cantaba acompañado de la mamá en las fiestas y reuniones. Y decía: "¡Pero nada de ganarse la vida con la música!"

Y desde ese día, cuando nadie la veía, llegaba en puntitas de pie, abría el armario, tomaba la guitarra (que le sobraba por todos lados) e imitaba al papá en la forma de agarrarla y tocar las cuerdas, y a su mamá en la forma de cantar canciones.

Un día la descubrieron y primero iban a retarla, pero después sus padres se quedaron sorprendidos: ya tocaba y cantaba las canciones completas... ¡y lo había aprendido **solita**!

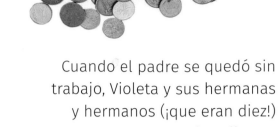

 Las vacaciones de verano de la familia eran siempre las mismas: iban a la zona campesina donde vivían unas primas.

Fue allí donde "la Viola" (como le decían) conoció de cerca y aprendió todo lo relacionado con el **arte popular**: moldeaba cerámica, creaba figuras con alambre y empezó a ver algo del tejido de tapices que tanto bordó después, de grande... Además, allí participaban de grandes festejos cuando se carneaba alguna vaca o chancho que ya estaba a punto.

ARTE POPULAR

El arte que nace del mismo pueblo.

Cuando el padre se quedó sin trabajo, Violeta y sus hermanas y hermanos (¡que eran diez!) empezaron a cantar en la calle por monedas o recorrían la zona en algunos circos familiares.

El primero que dejó la casa fue Nicanor, el hermano mayor, que es hoy un poeta famoso. Años después, Violeta también decidió que partiría a la ciudad de Santiago, a buscar trabajo y a cantar.

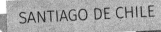

SANTIAGO DE CHILE

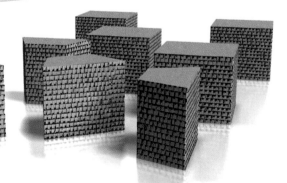

Pero para ir a la gran ciudad había que vestirse muy elegante... Y si bien a Violeta no se le apareció ninguna hada madrina para regalarle un súper vestido, la mamá tuvo una gran idea:

-¡Hilda, ven aquí, ayúdame!

-¿Qué, maaaa? –le dijo Hilda, la hermana que le seguía a Violeta.

-Ayúdame a descolgar las cortinas que hay que hacerle una linda pollera a Violeta... no se va a ir así a la ciudad...

Y entonces la mamá le cosió una pollera (falda, como le dicen en Chile) hermosa, y Violeta se vistió de fiesta un día común y se fue con una pequeña valija a buscar a su hermano en esa ciudad tan grande.

DESARRAIGO

Es como arrancar una planta de raíz. Y pasa cuando la gente tiene que trasladarse desde el campo o un pueblo a una gran ciudad y tiene que acostumbrarse a una vida muy distinta.

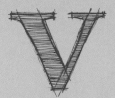**V**ioleta ya tenía 37 años y conducía un programa que se llamaba *Canta Violeta Parra*, por Radio Chilena. Y muchas y muchos lo escuchaban porque en ese momento toda la gente tenía radio y muy poca, televisión.

Canta Violeta Parra

Peeeero... como a ella no le gustaba nada estar muy quieta, y ya había escuchado muchas canciones de todas partes de Chile, decidió hacer el programa en los lugares mismos donde se hacía esa música.

Un día contó el ritual campesino llamado **La cruz de mayo**, en el que se pedía lluvia para los campos y buena cosecha... Convenció a la gente de que saliera a la calle ¡y armaron la fiesta ahí mismo!

Recuerda su hijo Ángel:
"¡Lo hicimos todo en la calle! Instalamos fogatas y un grupo de cantores iba casa por casa, mientras mi mamá hacía mote con huesillos" (una bebida típica de verano).

Pero... ¿Cómo su hijo Ángel? ¿Y cómo que Violeta ya tiene 37? Si apenas estábamos por su llegada a la ciudad de Santiago...

¡Es cierto!
A ver, a ver... Volvamos un poco más atrás....

**H**acía dos años que Violeta estaba en Santiago, con su vestido hecho de cortinas. Ya había venido toda su familia, y con su hermana **Hilda** formaron un dúo para cantar en boliches de barrios populares canciones muuuuy románticas que estaban de moda. Esos lugares eran frecuentados por hombres que iban a tomarse un trago después de muchas horas de trabajo. En ese bar, Violeta conoció a **Luis**, un maquinista ferroviario que iba sólo para oírla.

Con Luis tuvieron a **Isabel** y **Ángel** (ese de la página anterior). Y Violeta nunca dejó de cantar: a pesar de que le tocaba ocuparse de sus hijos, se los llevaba a los lugares donde trabajaba, y ellos bailaban y cantaban en el escenario.

Pero un día Luis, que quería una esposa que se quedara en su casa, le dijo:

"Sigue tú con tu arte, yo me voy para siempre"

Y ella no lo retuvo. Así que Violeta se quedó con su amiga guitarra y con Isabel y Ángel.

"La única ventaja mía es que gracias a la guitarra dejé de pelar papas. Porque yo no soy nadie. ¡Hay tantas mujeres como yo en cualquier comarca de Chile!".

No fue fácil al principio (parece que nunca es fácil al principio) pero Violeta siguió cantando. Llegó un nuevo amor, **Luis Arce**, y otras hijas: **Carmen Luisa** y **Rosita Clara**.

Y también llegó el momento en el que Violeta empezó a **recorrer Chile** y a **recopilar canciones populares**. De repente, en los lugares más lejanos, escuchaban esas canciones que parecían olvidadas. *Esas canciones traspasaban el tiempo y volvían al pueblo.*

Así, ganó en 1955 un **premio** muy importante y para recibirlo ¡tuvo que pagarse ella misma la entrada!

Cuando volvió a su casa de madrugada, los despertó a todos para celebrar con un pedazo de chancho y una botella de vino.

Por ese premio viajó a un festival en **Polonia**, un país que quedaba del otro lado del mundo, y sus hijas e hijo se quedaron con Luis.

Esa noche se presentaba ella, con sus pelos sobre la cara, su ropa modesta y su guitarra (que ya no le sobraba por todos lados). Y mirando al suelo, empezó a cantar... Todos hicieron un gran silencio. Aunque no entendían el idioma, se conmovieron por esa voz profunda que les hablaba de un país lejano: ella era la voz de los pobres, de las lavanderas, de las recolectoras de frutas, de los mineros, de los artistas callejeros...

Tanto conmovió ese canto a los que estaban en ese frío país que al otro día, cuando Violeta caminaba, a su paso le tiraban flores desde los balcones.

 Es Violeta, esa caminante incansable, esa **nómade** del espacio y del tiempo, la que está bordando la tela?

Sí, sí, es la Viola. Después de viajar por Europa, el arte le picaba en las manos. O capaz le picaban los pies y entonces lo sacaba por las manos.

A lo mejor la tierra que caminó le hacía cosquillas en el cuerpo y le pedía salir. Entonces trabajó la **cerámica**, pintó **cartones** desparejos (usaba materiales que encontraba por ahí, que hoy les decimos "reciclables" pero que en ese momento eran simple basura) y cuando tuvo hepatitis (y se tuvo que quedar en cama como ocho meses) agarró unos sacos viejos de arpillera y lanitas que había en la casa, y los transformó en unos maravillosos **tapices** coloridos. Tan pero tan maravillosos que, algunos años más tarde, serían expuestos en París.

Nómade

Una persona que no se queda quieta, que anda de acá para allá y vive en lugares diferentes.

La Carpa de la Reina

Cuando Violeta tenía 48 años instaló en un terreno baldío una gran carpa de circo que llamó *La carpa de La Reina*. Quería hacer un **centro cultural** donde tocaran grupos folklóricos conocidos y desconocidos, mientras se servían empanadas y sopaipillas (parecidas a las torta fritas) que ella misma preparaba.

Mientras tanto, artistas más jóvenes tomaban las canciones que ella había rescatado y empezaban a formar lo que se llamó *la nueva canción chilena*.

¿Dónde está ahora Violeta Parra? ¿Quién es ese con el que conversa? ¿Qué instrumento le regala? ¿Otra vez una guitarra que le sobra por todos lados? A ver, a ver, acerquémos a ver si podemos escuchar un poco.

Guitarrón

Una especie de guitarra gigante con 25 cuerdas que se tocaba en el campo pero no se conocía en la ciudad. Se usaba para las payadas y para el canto a lo divino.

-Buenas, ña Violeta, la estaba esperando. Por acá dicen que usté no deja que se pierdan las canciones. Y menos mal, porque yo con mis 100 años ya tenía miedo de que no pudieran cantarlas más.

- Buenas, don Antonio, y a mí me han contado que usté saca la miel de las abejas sin guantes y sin mascarilla, y que toca muy bien el **guitarrón**.

- Así dicen, ña Violeta, pero quiero dárselo, para que usté lo toque y lo lleve para todos los lados donde viaja, y que así conozcan este instrumento que sólo se toca en el campo, para que lo escuchen los de la ciudá. Y una cosita más, ña Violeta, este no es un guitarrón cualquiera... con este mismo **guitarrón**, *le gané un día una payada al diablo...*

Así aprendió Violeta a tocar el **guitarrón**, como el arpa, como el charango, solita y sin demasiados pentagramas...

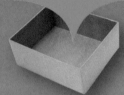

"Yo no vengo a lucirme. Quiero cantar y enseñar una verdad, quiero cantar porque el mundo tiene pena y está más confuso que yo misma"...

¿Y qué pasó después con Violeta?

Esa ya es otra historia... una que habrá que contar en otro cuento o que vas a tener que buscar en otros libros, en otras voces... Nosotros y nosotras nos quedamos acá siguiendo el rastro de esa Violeta que anda con la guitarra al hombro por los caminos perdidos de Chile, golpeando puertas casa por casa en pueblitos y campos; hablando con gente muy vieja que le cuenta historias y le canta canciones...

¡Sigamos su huella para que no se pierda!

" La canción es un pájaro sin plan de vuelo. Odia las matemáticas. Y ama los remolinos "

ACTIVIDADES

Recuperadores

1 Vimos en todo este cuento que Violeta recopilaba el arte popular y las canciones tradicionales, para que no se perdieran. Dijimos, también, que se transmitían de generación en generación... ¿Hacemos ese trabajo?

Pregúntale a una persona mayor qué canción cantaba cuando era joven ¡y que te la cante!

¿Cómo era ese mundo que no conocías porque no habías nacido? ¿Cómo vivía? ¿Cuáles eran los trabajos? ¿Qué golosina comía? ¿Cómo se divertía?

¿Cómo haríamos hoy para que esas canciones o esas tradiciones no se pierdan? ¿Las escribimos? ¿Las grabamos? ¿Nos filmamos cantándolas? ¿Las compartimos en las redes sociales?

2 Vimos cómo trabajaba pintura en cartones, bordado en bolsas viejas, escultura con alambre; todo con materiales descartables. Además, también supimos que la Viola era una autodidacta, que todo lo aprendía practicando, con poca enseñanza. Entonces... ¡manos a la obra!

¿Qué podemos reciclar? Tapitas, cartones, diarios, revistas, telas, lanas, hilos, botones, alambres, lápices rotos, pedazos de juguetes...

¿En qué obra de arte transformamos todo eso?

¿Se podrá armar algún instrumento?... Tal vez podamos ponerle música a alguna de las canciones que inventamos más arriba. *Quizá escuchemos la voz de Violeta cantando una de las suyas y nos sirva de inspiración...*

24

Cancionero

Aunque hizo muchas canciones (pídele a alguien para escuchar cómo era su voz...), elegimos dos, porque creemos que son las más divertidas. Dos pedacitos, en realidad:

Qué tanto será

Vuela que vuela en mi dulce nube,
de repentito se me taimó,
sacó un taladro con muchas puntas,
y to'a entera se perforó.

Me faltó tino pa' equilibrarme
cuando mi nube empezó a llover.
Me agarré firme de los hilitos,
y como gata me descolgué.

Caí en la copa de una patagua,
por su ramaje me deslicé.
Salté en un charco de agüita clara,
y con el fresco me desperté.

Mazúrquica modérnica

Lo que yo cántico es una respuéstica
a una pregúntica de unos graciósicos,
y más no cántico porque no quiérico;
tengo flojérica en los zapáticos,
en los cabéllicos, en la camísica,
en los riñónicos y en el bolsíllico.

A Violeta le gustaba jugar y lo hacía con las palabras. Un día hizo esta canción, con palabras inventadas por ella... ¿qué dice para ti? ¿Y cómo sería una canción con algunas palabras nuevas que se te pueden ocurrir?

¿Qué pasó con la nube en la que venía viajando? ¿Quién viajaba ahí arriba? ¿Por qué se despertó? ¿Y qué pasó cuando se despertó? Puedes continuar la historia, con letras o con dibujos, como más te guste...

Palabras para Violeta

De cielo en cielo corre o nada o canta
la violeta terrestre:
la que fue, sigue siendo,
pero esta mujer sola
en su ascensión no sube solitaria:
la acompaña la luz del toronjil,
del oro ensortijado de la cebolla frita,
la acompañan los pájaros mejores,
la acompaña Chillán en movimiento.

Violeta tuvo muchas y muchos amigos. Uno de ellos fue **Pablo Neruda** (uno de los más grandes poetas) que le escribió al amor y a la libertad. Pablo escribió esta hermosa elegía cuando Chile y el mundo perdieron a nuestra Violeta...

(Un poema de Pablo Neruda para Violeta Parra)

Te alabo, amiga mía, compañera:
de cuerda en cuerda llegas
al firme firmamento,
y, nocturna, en el cielo, tu fulgor
es la constelación de una guitarra.
Pero antes, antes, antes,
ay, señora, qué amor a manos llenas
recogías por los caminos:
sacabas cantos de las humaredas,
fuego de los velorios,
participabas en la misma tierra,
eras rural como los pajaritos
y a veces atacabas con relámpagos.

En vino alegre,
en pícara alegría,
en barro popular,
en canto llano,
Santa Violeta,
tú te convertiste,
en guitarra con hojas
que relucen
al brillo de la luna,
en ciruela salvaje
transformada,
en pueblo verdadero,
en paloma del campo,
en alcancía.

26